방아깨비와 춤을

박영숙 첫 시집

도서출판 가온

시인의 말

가을은 잎을 떨구는 중에도
충만한 삶을 품는 성숙한 계절이다

삶의 희로애락이 오롯이 쌓인 흔적을
나만의 작은 결실로 모았다

문학의 길로 이끌어 주신 선생님과
문우들에게 감사의 마음 전한다

만학도에게 힘이 되어주고
긴 세월 함께 걸어온
영원한 동반자와 가족들
말없이 건네준 믿음과 격려에
진심으로 고마움을 담는다

시 한 구절이 모두의 마음에
따뜻한 위로의 빛으로 닿기를 기원한다

2025년 10월의 어느 날
박영숙

시인의 말 ··· 3

차례

1부 · 방아깨비와 춤을

고추잠자리 ··· 11
행복하신지요 ··· 12
방아깨비와 춤을 ·· 13
봉숭아꽃물 ··· 14
마마 식사하시지요 ·· 15
작은 섬 ··· 16
쇠똥구리와 은하수 ·· 18
부용화 ·· 19
생각의 차이 ··· 20
배냇저고리 ·· 21
손가락 약속 ··· 22
모녀 삼대 ··· 23
밤낚시 ·· 24
인연 ··· 25
삶의 온도계 ··· 26
등불 ··· 27
헤어져야 할 시간 ·· 28
실루엣 ·· 30
생의 빛 ··· 32

2부 · 삶의 각도

화음 ·· 35
추억의 강 ····································· 36
소꿉놀이 친구들 ······························ 38
삶의 각도 ····································· 39
백년지기 ······································ 40
멍때리기 ······································ 42
작은 행복 ····································· 44
오월 ··· 43
춘당매 ··· 46
어느 구름에 해가 들었는지 ················· 48
토끼풀꽃 시계 ································ 50
비상 ··· 51
수어장대 소나무 ······························ 52
수신호 ·· 54
오해 ··· 56
봄타령 ··· 57
저녁노을에 실린 구름 ························ 58
낙엽의 말 ····································· 60
새벽별 ··· 61
홀로 남은 자리 ································ 62
그리움 ··· 64

3부 · 하루하루가 처음

바람의 길 ·· 67
가을 호박 ·· 68
유성 ·· 69
하루하루가 처음 ··· 70
사랑의 시그널 ··· 71
언니의 정원 ·· 72
이럴 수가 ·· 74
301호 302호 ··· 75
제자리 ··· 76
가을의 숨결 ·· 77
월출산 바라보며 ··· 78
보내는 시간 ·· 79
어머니의 집 ·· 80
하룻길 ··· 81
여름 알림이 ·· 82
작약꽃 ··· 83
첫사랑, 검은 안경 ··· 84
가짜와 진짜 ·· 85
손맛 이어가기 ··· 86
서낭당 돌탑 ·· 88
가을이 오는 소리 ·· 88

4부 · 말솜씨

인왕의 봄 · 93
겨울이 오는 소리 · 94
인생꽃 · 95
일흔여섯 개의 눈송이 · · · · · · · · · · · · · · · · · · · 96
새들이 보는 세상 · 98
마두랑 · 100
빛나는 태양 · 102
도라지꽃 · 104
장독대 옹기 · 105
황혼의 등대 · 106
트로트는 만인의 행복 · · · · · · · · · · · · · · · · · 108
말솜씨 · 110
꽃다지 사랑 · 111
고목古木 · 112
지고도 이기는 · 114
실버벨 · 115
송편의 두 얼굴 · 116

평설 이오장(시인·문학평론가) · · · · · · · · · · · · · · · · · 119

잘난 사람 보다 초대받을 수 있는
그런 사람이 되고 싶습니다

1부
방아깨비와 춤을

고추잠자리

산기슭 숲길
이름 모를 나뭇가지 끝
도도하게 앉아 있는 고추잠자리

솔솔 부는 바람 따라
그네 타며 일렁이는 모습에
가던 길 멈춘다

제자리 한 바퀴 다시 그 자리
보라는 듯 물구나무서서
발길 멈춘 그림자에 안긴다

한 그림으로 섞여 나누는 이야기
길 떠나다 무리를 잃었는지
파르르 떠는 모습 애처롭다

어우러져야 아름답다
푸른 하늘 높이 더 높이 올라
먼 곳까지 날아가거라
네 붉은 그림자에 하늘 물든다

행복하신지요

비바람 불더니 소나기 내립니다
서쪽 하늘에서는 천둥번개 번쩍번쩍
두 눈 감고 아이 두 귀도 가려줍니다
세상이 왜 이렇게 소란스러울까요
처마 밑에 주렁주렁 매달린 고드름이
얼음과자일 때도 있었어요
그때는 건강한 세상이었지요
세월이 많이 변하기도 했습니다
호랑이 담배 피우던 시절 이야기
그 시절이 그리운 것은 왜일까요
지금은 모자람 없이 잘 살고 있는데
따뜻하고 진실한 마음이 보이질 않아
어디까지가 진실인지 계산을 못합니다
돌아서면 후회하고 왜 그런 말을 할까
생각하지만 한 박자 느립니다
잘난 사람보다는 초대받을 수 있는
그런 사람이 되고 싶습니다
끝자리 낮은 자리에서 그분의 은총에
감사하는 마음이고자 합니다
행복하신지요, 행운을 드립니다

방아깨비와 춤을

늦은 오후 답답함 비우러 길 나선다
누렇게 익어가는 벌판
값 오른다는 벼를 보며
내 것이 아니어도 든든하다
비닐하우스 붉은 고추 주렁주렁 달리고
뒹구는 누런 호박덩이 정겹다
냇물 따라 거니는 길
뛰어다니는 메뚜기 방아깨비
서로서로 이름 부르며 노래와 춤을
아침방아 찧어라, 저녁방아 찧어라
꺼떡꺼떡 방아를 찧어보자
둑에 걸터앉아 흘러가는 구름 바라보는데
흰구름 떠다니는 하늘 끝
검은 구름 제자리라며 옮겨 가고
후드득 쏟아지는 빗줄기 맞으며
후텁지근한 저녁 길을 걸어본다
빗줄기 지나가니 젖은 몰골 우습고
빠른 걸음 걷는데, 이웃의 정겨운 목소리
'반찬 만들어 문 앞에 두고 가요'하는 말에
방아깨비 걸음으로 뛰어본다

봉숭아꽃물

싸리꽃 마구 핀 양철지붕 집
울타리 대신 자리한 경계선
늦가을이면 모두 뽑아 바짝 말려서
마당 빗자루 만들어 선물하던 어머니 아버지
이맘때면 봉숭아꽃도 활짝 피었지
노랑 빨강 백일홍 맨드라미
한련화 나팔꽃 채송화 분꽃
소쿠리에 봉숭아꽃잎 따서 꾸덕꾸덕 말려
호박잎 따다 손톱에 맞게 잘라 놓고
등상에 앉아 백반 넣어 찧어놓고
해지기를 기다리는 엄마와 나
손톱마다 예쁘게 올려 호박잎 덮고 실로 동여
얌전하게 잠들어야 예쁘게 물든다며
더운 여름밤 눈은 말똥말똥
봉숭아 꽃물들이던 때는 왔지만
한번 가신 엄마는 아니 계시고
엄마 닮아가는 내 모습만
물든 손톱에 추억이 젖어 가는데
빨간 매니큐어 발라 준다는 손녀에게
웃으며 손 내밀어 준다
사랑은 지금이나 그때나 영원하다

마마 식사하시지요

내 발에 발이 꼬여 앞으로 쏟아지고
얼떨결에 벌떡 일어나니
오른쪽 아기 손가락이 줏대를 잃고
한 달을 꼼짝 못 하는 신세
수십 년간 밥 지은 손
옴짝달싹할 수 없으니
주는 것만 받아먹는 아기 새가 되었다
왼손 수저질에 흘리는 것 반
입에 들어가는 것 반
안타까워하던 남편, 그냥 가만히 있으란다
'마마 식사하시지요'
노란 보자기 매 주고 밥을 떠
반찬 올려 주며 먹기만 하란다
재작년 여름 많이 아팠던 그가
열심히 간호해 준 것 고마웠다고
미안해하지 말란다
삶의 도리가 앞서는 배려와 사랑에
크게 벌어지는 입으로
음식보다 먼저 들어오는 목소리
'마마 무엇을 드릴까요'

작은 섬

황망한 바다에 작은 섬
물 빠지면 구슬 꿰인 듯
섬 섬 섬
그곳은 새들의 주인
우리는 무인도라 부른다

가마우지 백로는
이따금 열을 지어 날아가고
길쭉하게 고리진 네모난 작은 섬
옅은 안개 걷히고
무리 지어 나는 새들이 선경을 이뤄
청아한 하늘과 푸른 바다가 어울린다

흐리면 흐린 대로 하늘을 담고
얽히고설킨 내게 위안을 주는 섬
무엇 하나 눈을 뗄 수 없다

세차게 부딪치는 비바람에
유연하게 버티는 모습
내가 바라는 대상이다

삶을 돌아보며
앞으로 어떻게 가야 할지
항상 그대로인 너에게
오늘도 무언의 대답을 듣는다

쇠똥구리와 은하수

고독한 여행자 쇠똥구리
제 몸 열 배나 되는
쇠똥덩이를 굴리며 간다

달 없는 하늘 은하수는 길잡이
먹을 것 찾았다는 기쁨에
땅바닥을 빙 돌아 신나는 춤 한바탕

잘 먹고 산다는 것은
쇠똥구리나 사람이나 다름없는 걸까

은하수 별빛 따라 움직이는 쇠똥구리
쇠똥덩이 운반에 한바탕 몸싸움
천만 번 굴려 집으로 간다

노동은 행복
일하지 않는다면 그것이 불행
쇠똥구리 일상에서 읽는 삶이
우리의 현실을 말한다

부용화

빗소리조차 힘겨운 칠월의 무더위
혼미한 정신을 일깨우는 꽃 한 송이
시원스러운 얼굴에 섬세함을 더한
그 이름 부용화
아침에 필 때는 하얀 미소
점심 즈음엔 불그스레한 얼굴
황혼 무렵에는 심홍색이 되니
술에 취한 선녀와 같다고 심취부용
담장 밑 외딴곳
홀로 핀 부용화
던지는 물음조차 허용하지 않을 고고함
너를 사랑할 수밖에 없는 이유인 것을
꽃 중에 꽃, 꽃의 여왕
매력이 넘치는 미인이다
성천부사 김이양과 명기 부용
신분을 초월한 사랑은 한 폭의 한국화
호는 운초 이름은 부용
송도 황진이, 부안 매창, 성천 김부용
앞서간 김이양의 무덤 옆에
생전 모습으로 피어나
못다 한 사랑 만인에게 전하는 초당마마
천고에 전해지는 사랑의 꽃

생각의 차이

어제는 맞는데
오늘은 아니라고 한다
어제는 그래서 그랬고
오늘은 이래서 이렇단다

옳고 그름과 맞고 아니고는
시대와 환경에 따라 변화되고
생각 차이는 행동 차이
생각의 크기는 그 사람 인생 크기일까

갈등과 충돌은 발전의 초석이 되고
깨어나 열린 정신일 때
생각의 차이를 인정하는 넓은 마음

누구나 중요한 사람이지만
어느 누구보다 더 중요한 사람은 없다
신애信愛는 모두 한편

너와 나 편가름은
아니다 그렇다가 아닌
나밖에 모르는 이타심 때문은 아닐까

배냇저고리

세월의 소중함을 말해주듯
아들의 배냇저고리가
오십 년 넘게 장롱에 자리하고
이사 하고 자리를 옮겨도 항상 그 자리
자식은 엄마 곁을 떠났어도
아들은 항상 그 자리
할머니가 하얀 융을 끊어
징싱으로 만드신 저고리
첫 손주에게 만들어준 귀한 옷
재봉질을 하시면서
딸이든 아들이든 건강하게 낳으라고
할머니는 무척 행복해하셨지
저고리를 펴보니 손바닥만 한 크기
언제 이 옷을 입고 이렇게 자랐는지
우뚝 서서 엄마를 안아주면 세상이 내 것
얼굴만 바라봐도 그냥 행복한 사람
한 때는 간절함을 외면한 채 살았던 시간들
순식간에 지나갔다
서랍 정리하다 배냇저고리를 펴보니
아들과 사랑이야기를 나누고 싶다

손가락 약속

인연을 맺고 살아온 지 오십여 년
뒤돌아보면 아득한 세월
다시 살자면 못 산다 했는데
짝꿍이 여행을 다녀오고 쓰러졌다
아무것도 보이지 않는 꿈을 꾸었다
너무 깊은 생각을 하게 한 꿈은
뜻밖의 현실이 되었다
좀 더 잘해줄 걸, 가슴이 미어진다
어떻게든 살려줄게
화장실에서 쓰러지면 힘든 것이라며
위로 아닌 위로를 해준다
그래 힘든 것은 내가 하면 되지
나의 정성으로 무언들 못할까
내 남편인데
칠 개월의 시간이 흘렀다
아기처럼 아장아장 걷던 걸음이
이제는 성큼성큼 걷는다
흰 죽만 먹다가 식사도 잘한다
꽃피는 봄까지만 봐줄 거야
그때까지는 틀림없이 나아야 돼
새끼손가락 걸며 마주 보고 웃는 내 짝
정말 고마워요, 내 곁에 있어줘서

모녀 삼대

눈에 넣어도 아프지 않은 딸
한없이 자애로운 어미의 사랑
시집가 손녀 낳고
내가 저에게 하듯 그렇게 한다

키울 때는 당연했던 일들이
왜 이렇게 가슴이 저며 오는지
지 몸 생각하고 느슨했으면 좋으련만
온갖 정성을 다한다

우리 어머니도 그랬겠지 하면서도
걱정은 앞서고
내리사랑이라 했나
엄마보다 훌쩍 커버린 손녀
살갑고 다정함이 제 어미 닮았다

난 우리 엄마에게 그렇게 살갑게 했나
한 번도 살갑지 못했던 자신
긴 세월 지나고 삼대가 얼굴 마주 본다

닮은 듯 닮지 않은 모습을 보며
엄마를 부르고 손녀를 안아본다
우린 모녀 삼대다

밤낚시

고요하다
다리미질한 듯 적막이 흐른다
어쩌다 들리는 소쩍새 소리
하늘엔 가득한 별
물속에서 별들이 솟아오른다
반짝반짝 빨간 찌
숨이 가쁘다가 숨이 멎으려 한다
씨름이 시작되었다
당기고 놓아주고
놓아주고 당기고
새벽하늘에 별들이 박수를 보낸다
사투 끝에 당겨온 붕어 한 마리
찬란한 등지느러미 뽐내는 모습
반가움에 살짝 입맞춤하고
물속으로 놓아 보낸다
별을 낚고 물을 가르는 밤낚시
별송이 몇 개 꿰어 돌아오는 길이
출렁출렁 가뿐하다

인연

인연은 만남
내 안의 또 다른 나와의 만남이다
좋고 싫음은 마주침에서 시작
나의 일부분이 상대로 투영되어
내게 보이는 것
어느 하나 소중하지 않을 수 없다
만남은 삶의 성숙지표 깨달음을 준다
어떤 의미였을지
때론 우연의 만남도 생각하지만
기억에 두지 않는다
깨달음을 얻기 위한 만남은 없다
인연의 향기는 시간이 흘러도 변하지 않고
울림은 항상 설레게 한다
속절 없이 지나가는 시간들
후회와 번뇌뿐이라면
인연이 아닌 악연
운명에 맡긴 삶의 가치는 한 오라기 실낱
인연의 소중함에서 자신이 보인다

삶의 온도계

전깃줄에 참새 한 마리
앉지도 못하고 우왕좌왕
입에 먹이 물고 두리번두리번
땡볕은 머리 벗어질 만큼 따갑고

짹짹 짹짹짹 소리 맞추어 어미 찾고
전깃줄 또 하나의 전깃줄
덩달아 불 밝힌다

낮인지 밤인지 헷갈려
엄마 온 것 잊은 채
짹짹 짹짹짹

서울살이 힘들어 시골 왔는데
여기도 밤낮이 없어
짹짹 짹짹짹 돌려주세요

참새가 사는 땅이 우리가 살 수 있다
제발 돌려주세요, 밤과 낮을
짹짹 짹짹짹 짹짹짹
참새 소리가 삶의 온도계다

등불

한 해의 끝자락
스치는 싸늘한 바람 속
가로등 하나 어둠 살짝 흔들며 켜진다

서둘러 돌아가는 발길마다
누군가를 향한 따뜻한 온기
조용히 이어진다

하루가 조금 느려도 좋겠다
서로에게 한 번 더 손 내밀고
짧은 안부라도 나누며
마음에 작은 불빛 하나 밝힐 수 있다면
저무는 한 해의 뒷모습
그리 쓸쓸하지 않으리라

골목 따라 흐르는 불빛
우리 마음 구석구석까지
조용히 스며든다면

한 해의 끝
서로의 얼굴
조금 더 따뜻하게 기억할 수 있겠지

헤어져야 할 시간

강산이 두 번 변하도록 동행했는데
예고 없이 파업 선언
검은 슈트에 반짝거리는 멋진 모습으로
우리를 반겨 주었는데

두 눈 힘없이 깜빡 거리며
사거리 모퉁이에 그가 서있다
발길을 돌리지 못하는 나도 서있고
바라보는 눈에는 슬픔이 가득

잡아끄는 손 뿌리치고
작별인사라도 한 마디 했으면 좋으련만
이대로 헤어져야 하다니

이십 년이란 긴 세월 동안
즐거움도 슬픔도
변하는 모습도 같이 바라보았지

세월 앞에 장사 없다더니
달려온 길 얼마나 될까
헤아려보니 지구를 몇 바퀴 돈 거리

수고했어 고마웠어 마28 5638
쉴 곳 어딘지 몰라도 잊지 않을게
안녕, 나의 여행 동반자여

실루엣

종일 오락가락 빗줄기에
삼삼오오 칠사산 입구에 들어서니
칠학사가 은거하며 살았다는 설화
도포자락인가 안갯속 실루엣인가

사계절 만남은 육 년을 이어오고
호호 하하 뼛속까지 건강한 웃음소리
가슴 주머니에 담아 온 작은 행복들
보약을 전해주는 행복 나누기

어제는 사랑 다툼을
오늘은 손주사랑 전화를 받고
내일은 딸들과 재래시장으로

야채가 싼 도깨비시장
덤으로 주는 싱싱한 방울토마토
중앙시장은 양말이 여섯 켤레 만원
말 잘하면 한 켤레는 덤으로 받고
등산할 때 신으면 금상첨화

끝도 없이 이어지는 수다 삼매경

더 이상 좋을 수 없는 건강 지킴이
덕순이 쑥버무리가 일품
건강 찾아 산에 오른다

안갯속 실루엣 선비의 숨결을 찾아

생의 빚

골목길 돌담 구멍에 들락거리는 바람
오고 가는 사람이 보인다
낮잠 늘어지게 자고
온 동네를 휘젓고 다니는 바둑이
아래 말, 중간 말, 웃 말
한밤중엔 사람들 지켜주는 지킴이
앞 뒷마당을 뛰어다니며
생쥐 한 마리도 얼씬 못하게 하고
흘러가는 달을 보고도 짖는다
귀신이라도 보았나
정이 많은 아버지는 강아지 밥에
생선가시 없으면 간장으로 간을 맞춰줬다
아버지의 사랑을 멍멍이는 알고 있었을까
지금은 반려견이라는 이름으로
상전 중에 상전
예쁜 옷에 유치원에 가고
유모차 타며 걷지도 않는다
주인 여행 가면 호텔로 휴식 가고
고액의 몸치장 미용에 고급 먹거리까지
참으로 웃프다
마당이 없어지고 바둑이가 보이지 않는
요지경 세상에 사는 우리는
개들에게 전생의 빚이 참 많은가 보다

2부
삶의 각도

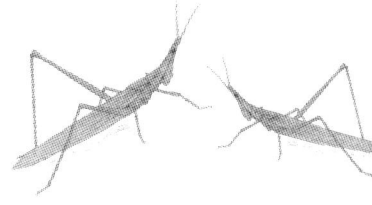

화음

어제는 윙크하더니
오늘은 손 흔들며 가는 길을 막고
보던 얼굴인데 무심함을 탓하는
낯선 얼굴들 미려하다
본 듯도 한데 어디서 봤을까
야트막한 계단 서 너 개 오르니
낮은 담 아래 피어난
철쭉 진달래 함초롬히 모여
나를 모르시나요
스치듯 지나간 미안함에
아름답다며 어루만지고
빨간색 연분홍 하얀색 조화를 이뤄
봄의 교향악을 연주하는 듯
꽃바람에 하늘거리는 자태 따라
들리는 하모니
가슴 깊이 담지 않으리
훨훨 풀어내어 꽃 앞에 내던지고
꽃 보듯 그대 마중 나가리

추억의 강

그녀는 강했다
꽃다운 나이에 아들 셋 낳고
혼자 짊어진 삶의 무게
아이들만 바라보며 살았다

너무 힘들어 끙끙 앓는 모습
나눈 술잔에 눈물 고여
그냥 다독여 주었을 뿐
행복하게 산다고 생각했었다

가끔 만날 때 어눌한 모습에
그 이유를 알지 못하다가
치매였다는 걸 알았다

웃음 많던 동그란 눈이
더욱 커져 있었다
모두 떠난 빈자리가 컸나 보다
외로움이 길다 보니 우울증에서
치매가 되었다는데

추억의 강은 소리가 없어

긴 세월 그 자리 흘러도
알아차리지 못하고
파도의 높이만 변할 뿐이다

소꿉놀이 친구들

진달래 향 가득한 추억 마시며
깨복쟁이 시절의 이야기 나눈다
고향이 서울인 내게 그런 친구는 없다
단지 어릴 적 동무가 있을 뿐
가위바위보를 하며 가방 들어주고
찢어진 비닐우산 같이 쓰고
깔깔 웃던 친구들
학교 앞 문방구에서
쫀드기 나누어 먹던 친구가 그리워
쫀드기를 먹어 보지만
옛날 그 맛은 온데간데없다
지금은 어디에 살고 있을까
냇가에서 발가벗고 물장구치지 못해도
소꿉놀이하던 깨복쟁이들
베개를 등에 업고 나는 엄마 너는 아빠
붉은 벽돌은 고춧가루 되고
깨진 사금파리도 장난감이던 시절
그들도 내 생각 가끔은 하고 있을지
탄피로 소꿉놀이하던 친구
저 먼저 멀리 떠나고 없는데
아름답고 슬펐던 추억을 떠올리며
하나하나 불러보는 이름

삶의 각도

이리 재도 저리 재도 답이 없다
한 치 앞도 모르고
흘러가는 대로 살면서도
지혜롭지 못했다
옳은 길이 아니면 가지 말라고
이길 저길 정도가 아닌 듯
갸웃거리면서 생각하고
짧은지 긴지 재보기 전에는 모르지
정확한 측정과 계산은 필수 요건
부딪쳐 봐도 정답은 없다
내 길만 길이 아니라는 것을
알기까지는 긴 시간이 필요했다
이제는 '혼자 보다는 같이'라는 말에
그래 그렇지
보는 위치에 따라 생각하는 위치에 따라
달라지는 각
내 삶에 각도는 잘 맞는 걸까

백년지기

팔십 년 지기 남편과 친구
처자식을 거느리던 시간이 지나니
아내라는 친구와 더불어 넷이 만나고
모양도 다르고 성격도 다른 둘은
뱃속부터 평생을 같이하고
여름방학이면 탄천에서
멱 감고 피라미 잡는 천렵으로
고추장 듬뿍 고추 파 무 넣고 끓이면
그 맛은 천하일품이었다고
네 슬픔 내 기쁨 버팀목 되어 주었지
친구는 구 남매의 일곱 번째
남편은 육 남매의 맏이
어렵던 시절 함께하던 추억 여행할 때는
그래 맞아, 그랬었지
눈물 글썽하게 하는 그들
말없이 건네주는 오래된 손수건
지금도 옛날이 어제 같다
낼 모래는 병원에 간다며 두 손을 잡고
헤어짐이 아쉬워 떠나지 못하는 친구
건강하게 잘 돌아와 줄 것을 다짐하며
잡은 손 다시 꼭 잡고 눈물 삼킨다

내일을 모르는 삶에
오늘이 행복하다면
내일의 행복은 덤으로 따라오리라

멍때리기

생각이 없다는 것은
아무 생각도 하고 싶지 않은 것

일상을 벗어난 혼자만의 시공간에
생각조차도 멈추고 싶은
그런 경지의 멍때리기

앵두나무 옆 빈자리
지난가을 도끼질해 놓은 장작더미
한 아름 끌어와 불을 지핀다

허공으로 솟는 불꽃의 아름다움
푸른 꽃 붉은 꽃
주황 노랑 오묘한 불꽃
모든 걸 태운 마지막 재까지

마냥 불꽃만 마주하는 멍때림
가득한 기쁨도 좋지만
하얗게 타오르는 아름다움
일상의 변화가 새롭게 일어난다

시간이란 공간에서 피우고 잠든 꽃
하얀 재만 남아 산산이 날려도
빈자리에 멍 피워놓고
내일의 비상을 그린다

작은 행복

지난가을 받은 뿌리 씨앗
겨우내 신문지에 쌓아 발코니에 두고
까맣게 잊고 살았다
발에 차이는 종이 보따리
쓰레기인가 펴보니 아마힐리우스 뿌리
쭈글쭈글한 얼굴로 웃는다
아하, 그랬구나
한겨울을 방치한 멋쩍음에 따라 웃어주고
화분에 심어 물을 주고 햇볕에 모셨다
또 오랜 시간 잊어버린 건망증
빨래를 걷다 번뜩 떠올라 살펴보니
조그만 싹이 솜솜하게 눈을 틔우고
똬리 틀고 앉았다
분명 다섯 개를 심었는데
무슨 수를 썼는지 열 개가 넘는 어린 싹
잊어버렸다가 찾은 금붙이보다 반갑다
친구들에게 나눠줄 생각 하니
더 없는 행복감이 찾아든다

오월

눈 시리도록 청명한 하늘을 보고
백마산 오르는 길
방울방울 새벽이슬 매단 덩굴장미
꽃잎 가득 영롱하여라
가는 길 멈추고 잠시 쉬어가라며
구르는 방울마다 전하는 스승의 말씀
사랑과 용기와 소중함을 알고
경쟁하듯 달려온 설익음을 넘보며
세상에 배 아파하던 것 다 내려놓고
아름다운 행복과 감사함이 가득한
마음의 정원 가꾸라던 말씀
갈수록 빛이 되고 살이 됨을 알았다
오월은 스승의 달
부족함을 되새길 수 있기를
일 년의 중심으로 가고 있는 계절
뒤돌아볼 수 있는 삶이되기를
당신의 말씀 떠올리며
화려한 꽃송이마다 다짐을 새긴다

춘당매

거제 일운면 구조리 마을
폐교된 초등학교 마당
수령 120세 150세 전후인 매화 세 그루가
정정하게 꽃을 피운다
연로해서 구부러진 줄 알았는데
멋들어지고 고풍스러운 자태는
춘당매의 자랑
은은하고 달콤한 향은 그분의 향기
몽글몽글 꽃망울은 수줍은 봄 아가씨
앙상한 가지가 안간힘을 쓰며
몽우리 피우려 인고의 시간을 이겨내
더욱 아름답다
백매 청매가 더 빨리 찾아온다고 하지만
가장 으뜸은 홍매화
여러 겹꽃잎이 만개하면 풍성하고
푸른 하늘보다 하얀 구름이 넓은 거제도
매년 춘당매를 봐야 새해를 시작한다는
어느 노부부의 아름다운 이야기
죽은 듯 살아 숨 쉬는 줄기
앙상했던 가지에 꽃망울 가득하다
매화는 망울일 때 세 번, 만개 때 세 번

낙화 때 세 번은 봐야 한다는데
올해는 몇 번이나 볼 수 있을까
그림이라도 보며 뉴스에 눈 맞춘다

어느 구름에 해가 들었는지

사람들과 소통하며
진심으로 살았다고 생각했는데
오랜 시간 흐른 것은 아니지만
마음 주고 싶은 사람도 있고
뜻밖의 배신의 상처를 받기도 하고
관계의 흐름은 종잡을 수 없다
그런 일이 반복되지 않기를 바라지만
산다는 것은 말 그대로
손해를 본 듯하게 사는 것도 지혜
사람이 나빠서가 아니겠지
현재 상황이 그렇게 만들었을 수도
어느 사람이 어떤지를 모르겠고
바라보고 웃는 웃음도
멀리하고 싶은 얼굴
위선의 모습을 어떻게 보아야 할지
누구나 이중성을 가지고 있을까
정확하게 판단할 수 있으려면
관상학을 다시 공부해야 하는지
웃는 겉모습을 어떻게 판단해야 할까
꽤 산 것 같은데 도무지 모르겠다
모든 것 잊어버리는 그런 사람

다시 만나지 않기를 기도할 뿐
산다는 것은
나와의 한 판 힘겨룸이다

토끼풀꽃 시계

보이지 않고 잡히지 않는 사랑
확인하고 싶어 하는 것은
남녀노소 구별이 없다

차원과 방법이 다를 뿐
빠른 세월에 주고받은 마음은
더욱 가슴 아리게 한다

가을 들길을 걸으며
만들어준 토끼풀 시계
색깔은 변하여 화려함은 없다

어느 것보다 귀중한 추억
자식들 키우느라 바쁜 시간에
당신의 소중함을 모르고 산 세월
빈 둥지 증후군이 이렇게 힘들 줄은

쌓인 시간만큼 소중한 사람
마른 토끼풀 시계로 확인하고
함께 있어 소중하고 고마울 뿐이다

비상

회색빛 하늘이
온몸을 오그라들게 하는 아침
눈 내릴 준비를 하는 듯
놀이터 나뭇가지 우듬지
새들의 지저귐이 머문다
아이들 조잘대던 소리 들리는 듯
빈자리 그네인데
까르르 웃는 비상의 목소리들
고요함에 아침을 여는 새들
오늘따라 많이 모여들고
멀리 날아가는 한 쌍
그들도 하늘 높이 비상하고
이름 모를 새들도 날개를 펴는
새 아침의 활력
오늘의 창공은 높고 높다

수어장대 소나무

남한산성 수호장대 아름드리 소나무가
습설에 입 벌린 채 숨이 멎었다
하얗게 혀를 뺀 모습에 눈물 나고
얼마나 힘들고 고달팠으면
그 모습 그대로 꺾였을까

담 너머 보이는 매바위
일그러진 그 모습 애처롭고
소나무의 주검 자리
폭탄이 쏟아진 전쟁터보다 더 참혹하다
보고 또 둘러보아도
도저히 일어날 수 없는 현실

한 그루 나무가 자라기까지
많은 시간이 걸리는데
찢기고 갈라지고
헝클어진 몸부림의 잔해가 앙상하다

자연이 없다면 숨 쉴 공간을 잃는데
대대로 물려줘야 할 산천이
단 한 번에 내린 눈으로 무너졌다

생명을 지켜주는 자연
언제까지 방치해야 하는가
사람이 일으킨 온난화의 현실
우리가 사는 터전 우리가 지키자

수신호

사거리 신호등이 꺼졌다
수신호 보내는 교통경찰의 손끝 따라
흘러가는 자동차 좌로 우로 직진으로
어려움을 해소시킨다

아이들 머리가 커져
각자 자기 의견 주장하고
마음 상한 부모
다 큰 자식들 앞에 열불 터진다

아버지와 장기 두며 자란 아들
이기는 것이 소원이라며 어깨 펴다가
세월 흘러 아버지가 노인 되니
한 수 물러 주고 돌아서서 눈물 흘리는
내 사랑하는 아들

어느 사이 세월 이렇게 흘렀나
아들에게 잘했노라
고맙다고 등 두들겨 주고
미소 지으며 눈 껌뻑이니
세월의 교통경찰이 따로 없다

건강하세요
무언의 아들과의 대화
나를 감싸 수신호 되어 평화 이루니
오늘도 두 팔은
좌로 우로 직진으로 신호를 보낸다

오해

사람이 모이면 의견 상충이 다반사
서로의 마음 읽어주고
따뜻하기만을 바라는데
통하지 않으면 소통할 수 있는 일이
오해를 낳게 되고
그 사람을 생각해 주는 것조차
불신이 되어 난감하게 된다
구구한 설명이 꼭 필요할까
들어주고 기다리는 것도 한 세상
귀 막고 눈 감고 살 수 없는 일
확인한 것이 아니면 응하지 말고
엎어진 쌀은 주우면 되지만
뱉은 말은 주울 수가 없다
숨은 내쉬고 말은 함부로 하지 말자
난무하는 모든 말들
어수선한 세상에 살고 있다
모두를 위해서 지혜가 필요할 듯
내가 편해야 네가 편하게 보인다고
나도 그렇다
우리 모두 그런 권리가 있다

봄타령

커다란 돌 틈에 핀 노란 꽃
어디서 날아와 앙증맞게 피었는지
혼자 일어나기에는 애처로워
돌양지꽃이라네
붉은색 냉초꽃 산꿩의 다리
참조팝나무 둥근 이질꽃
생소한 야생화 더욱 눈길이 가고
들녘으로 부는 바람 차가운데
광대나물은 계절의 도래를 알려주고
애칭 코딱지나물이라고
생명의 위대함 다시 돌아보며
이름을 물으니 취나물 두릅 쑥 냉이
달래 꽃다지 삼나물
산천마다 나는 보배 봄나물 먹으니
건강한 기운 솔솔 살랑살랑
찬란한 빛으로 물든 봄 정취에
깊이 젖어 황홀한 꿈을 꾼다

저녁노을에 실린 구름

물길 따라 걸으면
조각구름 뭉게구름 새털구름
물에 비친 하얀 구름들
춤추며 함께 길을 걷는다
넓은 벌판 억새들
아쉬운 가을빛 사랑의 세레나데
하루살이 떼 길을 못 찾는다
깊어가는 가을엔
고즈넉함만 더하고
논마다 쌓이는 공룡알
다가올 겨울 채비로 서두르면
은빛 제비 분주히 날아다닌다
서걱대는 억새 사랑의 몸짓
클로드 모네의 가을 추수보다
더 아름다운 저녁노을
역광으로 보이는 빛살이
황홀한 잔상으로 펼쳐져
제 자리에 멈출 수밖에
문득 부르는 소리 있어 돌아보니
구름 따라 걸어온 발길 위에
골프장 등불 하나씩 켜지고

하늘엔 반짝이는 샛별 이른 시간
마음을 잡아끄는 어스름 불빛에
덩그러니 홀로 외롭다

낙엽의 말

덧없이 떠나는 부평초
어디로 왜 가야 하는지도 모른 채
손 놓치고 떠밀려 굴러간다
귀 기울이고 들으면 분명
그 소리는 울부짖음
어느 날 찾아온 이별에
서로 부둥켜안고 서러워 몸부림치는
잎이 떨어지는 사이사이
스며드는 찬바람 이별을 재촉한다
다하지 못한 이별의 속삭임
내려앉으며 나눈다
겨울 긴 잠 꿈을 위해
따뜻한 봄날엔 희망의 새싹으로
화려한 여름을 보내며 푸르름 다하고
어느 날 땅으로 내려앉는
아름답고 영원한 사랑 이야기
다시 시작되는 생명의 윤회
긴 겨울 지나면 다시 돌아오리
그날을 위해 미련 없이 떠나가야지

새벽별

이른 새벽 창문 열고 하늘 보면
무수히 떠 있는 별 중 하나
나의 창으로 들어온다

한 걸음 뒤로 자연스레 물러서는 발길
한두 번 들어온 게 아닌 듯
빈 의자에 살포시 스며든다

다정히 미소 지으며
형태 없는 모습으로 무언가 쓰는 빛손
영화의 한 장면 같은 무엇을 본 것일까

드리워진 커튼이 바람 따라 흔들릴 때
떠남을 알았지
누구일까, 왜일까
이른 새벽 창문을 넘나드는 그 기척은

별빛 반짝이며 나를 향한 손짓
인사는 내일을 향한 이별
빈 하늘에 남겨 놓은 두 글자 샛별
창을 드나들던 그 별은 희망이었다

홀로 남은 자리

사람 난 자리가 이렇게 클 줄이야
시간이 지나도 변하지 않고
허전함을 점점 넓혀 간다

부슬부슬 내리는 겨울비
외로움 허리춤까지 적시고
등뼈 동여 아픔으로 조여 온다

소리 지르고 엉엉 운다면
시원하게 풀리기라도 할 텐데
엉거주춤 등 뒤에서 소리친다
악쓰며 울어 보라고

그녀를 읽었는지 검은 구름이
장대비를 퍼붓는다
머리를 쓸어 올리며 눈물 쏟고

웃음기 사라진 낯빛에
바짝 마른 두 볼에 휑한 두 눈
속까지 태우고 있는지 몰랐다

알고 있다는 다독임 부질없는 것을
울컥하는 마음이 뜨거워진다
어떤 위로도 소용없다는 것을 알면서
홀로 된 그녀의 등을 쓰다듬는다

그리움

떨어진 나뭇잎들
옹달샘 너머로 보이는
구름 한 점
자욱하게 펼쳐진 그리움이다

눈자위 이슬에
당신을 담는다
사랑이란 이름으로

아련히 떠오르는
눈 코 입
희미한 얼굴에 핀 미소

눈 감으면 더 짙어지는
당신의 모습
어머니!
내가 살아가는 이유, 샘물이다

3부
하루하루가 처음

바람의 길

천등산 박달재 구름 한 조각
머리 위로 지나가고
딱새 한 마리 나무숲으로 날아간다
딱새 뒤를 따르는 새끼 고양이
새를 낚아채려고
살금살금 풀숲을 밟는 오솔길 풍경
졸졸졸 꼬르륵 다리 아래 냇물
흘러가며 소식을 전한다
흰구름 두둥실 떠오른 하늘 끝
어느 자리에 멈춰, 산빛 그릴까
맑은 샘물에 고여 든 하늘빛
바위를 비집는 틈새마다
멈춘 바람이 풍요롭다

가을 호박

다락방 뚫어진 창문으로
헤아리는 별
귀뚜라미 풀벌레 소리만큼 많고
해바라기 국화 코스모스 백일홍
향기 가득한 꽃들이
헤아리다 떨어뜨린 별일까
담 넘어 핀 호박꽃 지고
주렁주렁 풋호박이
넝쿨에 별빛으로 환하게 열린다
소쿠리에 떨어진 별부스러기
꽃향기 주발에 가득 담아
태 넓은 장독 뚜껑에 올려놓으면
잠 깨어 일어난 우리 어머니
호박 썰어 새우젓 넣고
들기름에 달달 볶아
새벽노을 지고 나가는 아버지
한 상 가득한 아침이 되었다

유성

타고 남은 하얀 불꽃의 흔적
마지막 혼을 불태운 별똥별
하늘 가르며 잠든다는 것은
얼마나 아름답고 거룩한 일인가
찬란한 불꽃이었던
내 젊은 날 쓸쓸했던 시간들
가엾다고 생각을 말자
삶의 가장 어두웠던 날
지나고 뒤돌아보니
그만큼 성숙했음을
흐르는 강물에 미련은 없다
밝아오는 새벽 마지막 연소
가슴 펴고 두 눈 부릅뜨고
희망을 노래하자
별은 뜨고 지는 것
모든 짐 내가져야 한다는 착각은 말자
삶이란 기쁨과 슬픔을 함께하는 것
유성이 떨어지던 날, 하늘을 알고
삶의 의미를 생각했다

하루하루가 처음

아침에 눈 뜨면
먼저 하는 화살기도
오늘도 처음 같이 살게 해 주세요

모든 것이 다 처음
밥 짓고 반찬하고 청소를 하고
수십 년 동안 변하지 않는 일상
반갑고 고맙고 즐겁고
처음이라 생각하니 모든 게 감사하다

머리 예쁘게 빗고
식탁에 꽃 한 송이 꽂는 설렘
처음이라는 말이 이렇게 새로울 줄이야
내가 살아가는 방법에 더욱 감사한다

사랑의 시그널

여기는 군자역
내리실 분은 왼쪽으로-
스르르 문 열리고
내리고 오르는 사람들
허리를 감싸고 있는 청춘남녀
머리가 엇박자로 얽혀
바라보는 눈길 따라 움직인다
저게 애정 표시일까
사랑을 드러내야 짙어지는 걸까
청춘은 아름답고 사랑은 고귀한데
착각이었다
남자 뒤에 예쁜 꽃다발이
그녀에게 몰래 안겨주고 싶은 마음
뒤로 감추니, 웃음이 절로 났다
마주친 그들도 웃음이 가득
따라가는 눈길에는 사랑이
군자역에서의 만남으로
서로 사랑하고 결혼하여
예쁜 아가도 낳아 주길…
사랑은 아름답다

언니의 정원

언니가 떠났다
해송자 있는 예쁜 정원
손 닮도록 만져놓고
손 달세라 발 달세라 호미질 삼매경
여기는 배추 여기는 부추
풋말 예쁘게 꽂아 놓고
산새들 내려 와 물먹고 가는 돌 웅덩이
우체통엔 박새 날아와 식구 늘리고
부지런히 날라 먹이는 어미 새
오늘도 쉴 틈이 없구나

언니는 떠났다
가을 고추 예쁜 빨간색
대롱대롱 고춧대에 매달아 놓고
만질세라 터질세라
새들이 쪼아 먹을세라
하얀 모자 너울 쓰고 "왔냐" 그 한마디
언니 모습 떠올리며
눈물인지 핏물인지

언니는 그렇게 떠났다
"방학 때 올 게"
"그렇게 멀리 좀 빨리 오지"
어느 날 떠났다는 그 한마디
잣나무가 예쁜 동산 울 언니
벌써 두 해가 갔다

먼저 가고 나중에 가고
우리는 만나야 할 사람
은총이 가득한 길에 꽃을 뿌린다

이럴 수가

사도광산 유네스코 등재
이코모스는 있을 수 없는 일을
있어서도 안 되는 일을 등재하고
동해에서 마주 보이는 사도 섬
겉으로 볼 때는 자연 그 자체
섬에서 일어났던 일들 감추고
관광지역 만든 피눈물의 역사 현장
강제동원 약 1200명 이상
진폐증으로 사망 절반
아직 남아있는 상처 뚜렷한데
에도시대의 광산
눈에 보이는 유형의 문화재
그 가치를 아는지
아픔의 역사는 재확인하고 가야지
세계인이 알아듣도록
역사는 언젠가 밝혀지는 것
그것마저 없애려는 이웃나라
뼛골이 부서져도 못 잊을 그 아픔
어찌 잊는단 말인가

301호 302호

새벽이다
우당탕퉁탕 소리 요란하다
화음이 맞지 않는다
두 번째 우당탕퉁탕 전쟁인가
잠결에 들리는 엇박자 소리
젊음의 힘겨룸은 각자의 의사표시
살아가는데 꼭 필요한 요소
엇갈림의 해결점 찾았는지
아무 말 없이 흐르는 공간
냉기류가 고요하다
저기압으로 바뀌더니 이슬비가
살아온 세월이 말하듯
백기 드는 법 알고
청기 드는 법 터득했다
내 청춘 네 청춘 생김새는 달라도
살아가는 방법은 차이가 없고
서로가 알아가는 데는
시간이 필요하고
수십 년 세월이 흐르니 지혜의 길
함께 갈 수 있다는 것은 행복함이다

제자리

햇살이 고운 날 오르는 산길
메마른 가지마다
물오르는 소리 들려오고
고목에 앉은 새소리 청아하다

자연이란 참으로 위대하여
죽음 직전에 살아남은 고목
몰골은 알아볼 수 없는 형태지만
햇살 수혈을 받으며 봄 머금었다

부는 바람에 더해 온기를 넣어주며
상처 난 자리 다독여
힘내고 용기 잃지 말라고
나도 그런 날이 있었다고 속삭여 준다

요란하거나 조용할 때는 이유가 있고
자연의 움직임이 만드는 계절에
산다는 건 고난을 이기는 일
제자리에 있다는 것이 진리 아닐까

가을의 숨결

한 줄기 바람이
창을 살짝 열던 날
낙엽 하나 조용히 날아와
책갈피에 스며든다

그 이름 불러보는 저녁
들꽃 향기 따라 흩날리는 노을
시간은 저만치 가버렸지만
마음은 여전히 그 자리에

가을은 이별의 계절이라 했던가
나는 알고 있다
그것은 이별이 아니라
깊어짐의 또 다른 이름임을

하늘빛이 맑을수록
그리움도
투명해진다

월출산 바라보며

제주도 떠나 전라도에 들어왔다
파도에 실렸던 여행
오래 기억되기를
월출산의 황홀함은 넋을 앗아가고
비를 몰아오는 안개와 바람
수묵화의 아름다움 그대로다
준엄하게 내려다보는 암봉들
꼼짝 마, 그대로 손들어
아무 말 못 하고 바라만 볼 뿐
그 이름 육형제바위
달이 난다 하여 월라산
산에서 생겨 떠오르는 월생산
지금은 달이 떠오르는 월출산
남한의 금강 월출산은
시시때때로 변화되는 안개와 바람
회오리로 흘러간다
불꽃으로 타오르는 장엄함으로
송곳같이 날카로운 경쾌함으로
남김없이 세상에 드러낸 모습은
위풍당당 그 자체
두 손 모으고 합장을 한다
차창밖에 달이 솟아오른다

보내는 시간

청명한 산골의 새벽
새들이 시작을 알리는 동안
혼자만의 심연을 걷는다

두려움 없는 고독
살아 있는 모든 것 휩쓸어 지나가고
지워지는 기억속
비로소 영원함을 깨닫는다

먼 산 자욱한 안개
세상과의 경계를 지울 때
눈으로 보는 대신
마음으로 세상을 느낀다

보이지 않는 것에 대한 존재를 믿으며
침묵으로 맞이하는 새벽
본질로의 회귀는 어디쯤일까

보이지 않는 생명의 진실
고요히 거슬러 올라가는 세월을
맞이하기보다는 보내는 중이다

어머니의 집

어머니의 집에는 햇살이 좋은데
얼마나 먼 길을 가셨는지
감감무소식에
적막하기만 하다
어느 날 갑자기 가신 후
꿈속에라도 만나면 좋으련만
통 나타나지 않는다
도라지꽃을 좋아하신 어머니
보라색 한복에 예쁘게 쪽진 모습
그립고 그립다
노란 민들레가 피었다
활짝 핀 모습이 어머니 미소 같건만
언제 한 번 기별을 주려나
지난겨울 많이 내린 눈 속에도
어머니 집에는 햇살이 가득하다
시집살이 그토록 시킨 어머니
사랑도 많이 주셨지
어머니 가신 그 나이 지나니
더욱 어머니가 그립다

하룻길

꽃봉오리 터지는 소리
아픔과 희열의 성숙함으로
붉은색 노란색 하얀색 꽃을 피웠다

삶의 느낌
얼마나 힘이 들었을까
꽃들의 합창이 아름답다

먼 산에 걸려 있는 비구름
저녁나절 한줄기 소나기로
무더위에 늘어진 나무 생기 어리고

앞마당 바둑이도 길게 누웠던
자리를 옮기고
닭 울음이 더욱 높아지는 오후

하루가 지나가는 길은
참으로 경이롭지만
해야 할 일이 많아서 짧기만 하다

여름 알림이

소리로 열리는 여름
방충망에 날아와 앉는 매미
그 모습이 애처롭다

일곱 번이라는 세월의 흐름을
땅속에서 지냈던 굼벵이는
성충이 되어서야
여름 한 철 짝을 찾아 몸부림친다

잠시 관심을 돌린 사이
짧은 생을 울음으로 살다가는 매미
어디선가 들리는
그 소리 따라 들길을 걷는다

하늘을 날고 있는 많은 고추잠자리
바쁜 몸짓으로 사랑 춤을 추고
따가운 햇살 지나고 나면
잠자리도 매미도 사라지겠지만

계절의 알림은 자연에서 시작되고
기억의 장에서 끝맺는데
맴맴맴맴매에...엠
눈을 돌리니 아직 태양빛이 따갑다

작약꽃

병풍에 활짝 핀 세 송이 작약 꽃
신혼 때도 세 송이 지금도 세 송이
빨강 분홍 하얀색
한 백 년 세월에도
활짝 웃고 있는 행복의 꽃

청와대 대통령 직무실에는
십장생도가 똬리를 틀고
'국민은 나라의 주인'
힘 있는 붓글씨로 관람객 맞이하지만
언젠가는 반드시 내려와야 하는 자리
부러울 것 없다

편안과 안식 주는 병풍 활짝 펴고
자자손손 부귀를 기원하는 오월
창밖에 피어난 작약꽃을 보며
먼 훗날의 함박웃음 미리 듣는다

첫사랑, 검은테 안경

코에 걸친 검정테 안경은
불자동차의 멋
안경 너머 눈길 마주치면
우리는 까르르르

검은 얼굴에 반듯한 이마
지켜진 눈썹 모두 사랑이라고
고이 간직했던 첫사랑 선생님

재봉 선생님과 결혼하던 날
화장실 미술실 음악실에서
훌쩍거리던 십칠 세 소녀들
시간의 밧줄 타고 모였다

잊지 않고 찾아주어 고맙다
선생님 두 눈에 눈물 가득
첫사랑 선생님은 지금도 멋쟁이
빨간 나비넥타이 검정 뿔테 안경

선생님 건강하세요
우리를 기억해 주셔서 고맙습니다
주름진 얼굴에 미소를 모아
내년에 또 모실게요 선생님

가짜와 진짜

창가 탁자 위 진짜와 가짜가 공존하고
담양 대나무술병 노란 해바라기 꽃
나만 바라보는 모양이 너무 좋다
수개월이 흘러도 처음 본 그 얼굴

볼품없는 화분에 키 큰 꽃기린
물을 주고 사랑 주며 지극했던 어느 날
예쁜 꽃 피워
빨간색 주황색으로 화사하다

나만 바라보라며 돌려놓고 잠들었는데
모두 창 쪽으로 얼굴 돌려
햇빛 찾아가는 꽃기린
몸은 그대로인데 햇살 따라가고

자연의 섭리를 거역한 내 욕심이
가짜와 진짜를 만들고
편견이란 칼날의 양면
모두 만족을 채우기 위함이었나
창문 활짝 열어 바람맞는다

손맛 이어가기

입춘 소식 마중 가는 길
우수 경칩이 발 들여놓고
봄추위에 애늙은이 얼어 죽는다고
신작로에 아지랑이 꽃으로 가물가물
정월 보름 손 없는 날에
소금 풀어 짠물 만들고
계란 띄워 동전 크기만큼 보일 때
메주를 넣고
빨간 고추, 불에 달군 숯, 대추 넣고
70여 일 지난 후
소금물에 불린 메주 꺼내어 치대는
된장 담기는 단순하지만
까다롭고 어려운 일
집집마다 손맛이 달라
동생내외 시누이내외 함께
된장 만드는 일 년의 행사
어머님 손맛 이어가고 싶다
잘 익은 된장에 달래 호박 감자
청양고추 서너 개 송송 썰어 넣고
뚝배기에 보글보글 끓이다가
두부는 마지막에 넣는다

그 맛은 어머니 손맛
힘들어도 잃어버린 전통의 맛 이어가는
우리 집 큰 행사
동생들에게 줄 작년 된장
한 항아리씩 담고 있다

서낭당 돌탑

눈 밟고 오르내린 뚜렷한 발자국
빌고 빌며 다녀간 새오개 길
돌멩이마다 소원 빌며
고갯마루에 쌓아 올린 기원탑

바람 매서운 겨울 끝자락
입춘이 지났어도 맞을 준비 안 된 봄
낙엽 속에 잦아들어 길 잃은 눈물들
여기저기 길 찾아 흐른다

하얼빈 동계 아시안게임 메달 53개
베를린 영화제 한국 영화 7편 초청
빌보드 차트 로제 아파트 8위
역사에 없던 일들 이뤄냈는데

관세 올린다는 트럼프 으름장에
우리 가슴 타들어가도
자리싸움만 해야 하는지
검은색 회색 차이가 없다

두 손 합장하고 간절히 비는 마음

서낭당 수호신 미소를 떠올린다
여의도 양말산 햇살 비추고
구름 걷힌다는 반가운 소식 언제 들릴까
돌탑에 손 짚어 울림을 읽는다

가을이 오는 소리

깊어가는 가을밤
창 밖에서 들리는 소리
풀벌레 울음인가 고독한 노래인가
뜨락에 숨어 울다 지쳐
밤이슬에 젖어버린 작은 목소리
여름내 무성하던 녹음
옷깃 여미며 떨어져 내리고
비로소 세상 등이 켜지는 듯
높은 달빛 맑아져
먼 산 능선을 어루만진다
바람은 잊었던 기억을 몰고 와
마음의 창 살짝 두드리며
어두운 허공에 들게 하고
희미한 별빛을 찾는다
가을은 내 안에서 울고 있었음을
알았을까

가슴 깊이 울리는 소리

메마른 잎에 젖는다

4부
말솜씨

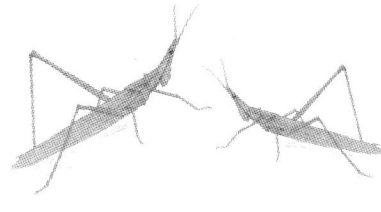

인왕의 봄

한 발 오르며 하나 둘 셋
계단 돌아서며 다섯 여섯 일곱
곧게 올라가며 열다섯 열여섯
치마바위 바라보며 서른 마흔 쉰
계단 안을 뻗은 손
구십 백 백오십
봄의 전사가 된 듯 손마중을 받는다
가지마다 예쁜 손 내밀어 흔들어 주고
이름 몰라도 인사 나누며
긴 동장군 속에 깨어난 작은 잎과
길가의 잡초들 인사 나누며
임도를 따라 갈지자로 산길 오르고
층층나무 소나무 조팝나무 산수유
치마바위 오르는 길은 생기롭다
졸졸 흐르는 맑은 물소리
반가운 인사로 들리고
내 마음도 맑은 물 되어 흘러가는
인왕의 봄은 싱그럽다

겨울이 오는 소리

계절마다 찾아오는 소리 다르고
철마다 특색을 가지고 있는 자연
참으로 경이롭다
겪어보지 못한 습설의 두려움
우왕좌왕 힘들었던 첫눈
아직 그 흔적 남아있는데
해결하지 못한 어려움
어떻게 겪어나가고 있는지
올겨울은 유난히 어렵다
살기 위한 것 살아가기 위한 것도
잘잘못을 떠나 어쩌다 이 지경까지
열심히 살아온 우리들인데
잘되라고 응원을 하는 건지
재미있다고 웃는 건지
모든 일들 이겨나가야 한다
잘살아 보려고 무수한 희생이 따랐는데
모두를 안고 가자
긴 세월 얼마나 허덕인 나라인가
맑고 고운 심성이 우리에게 있다
오천 년 역사를 이어온 대한민국이다

인생꽃

사진 속 낯선 젊음과
마주치는 미소
향나무 아래 어린 아들과 나란히
생소하게 떠오르는 그 시절

지나온 발자국 돌아보니
사진 속 인생꽃으로
만학도 엄마의 졸업식에 안겨든다

숙제하기 싫다고 울던 어릴 적 모습
꼭 해야 한다고 다그친 초년생 엄마
아들아 엄마도 처음이라 서툴렀단다

학위를 받고 아들이 한 말
엄마 수고 하셨어요
숙제하라고 독촉 한 번 안 했는데
참 잘하셨어요

그래, 누구나 원하는 것을 하면
잘할 수 있다는 것을 알게 되지
돌아온 길 기록하며
작은 책 만들어 기억하고 싶다

일흔여섯 개의 눈송이

눈송이 일흔다섯 개 참 많다
크고 작고 일정하지 않은 모양들
각기 다른 웃음과 눈물
기다리고 있는 눈송이 일흔여섯 번째

햇볕 따뜻한 툇마루에 앉아
살아온 이야기를 나누고 싶다
아직도 어제와 같이 남아있는 말들
커피는 식어가고 있겠지

나만 이야기를 또 하게 될 것이다
항상 듣기만 하는 사람
이번에는 어떤 말이든 했으면 좋겠다
빙긋이 웃기만 하는 모습은 식상하다

삶이란 참으로 길고 길다 때로는
살아보니 그랬다 아픔도 많았다
검은 머리 백발이 되도록 살아왔다
빈 둥지 증후군을 안고 많이 외로웠다

친구를 만나고 수다를 떨고

집으로 들어가도 마음은 허전했다
그래도 그 자리에 있어 준 남편이 고맙다
말은 없어도 들어주기만 해도
아픈 기억은 잊고 좋은 것만 기억하란다
나는 아직 할 말이 많은데

새들이 보는 세상

까치가 깍 깍
까마귀 까 악 까 악
비둘기는 구구구
앞마당까지 날아오고

새벽부터 바쁜 중원리 골짜기
아침을 깨우는 소리가 요란하다

꿈머리 대충 쓰다듬고
마당으로 나가면 이리 뛰고 저리 뛰고
다가오지 않으면서 먹을 것 달란다

저 당당한 모습에
양재기에 쌀보리 담아 훌훌 뿌려주면
고맙다는 인사인지
한 알 남기지 않고 쪼아 먹는다

지저귀는 소리 밥 달라는 소리 다르다
배고파 힘든 소리 같다
알아주는 척이라도 하면 좋으련만
고대광실에서는 안 보이나

자기들 배부른데 들릴 리가 있나
누가 또 그 자리에 간다고 달라질까
참으로 안타까운 작금의 현실
새들만도 못한 세상이 참으로 어지럽다

마두랑

꾸지뽕 열매 빨갛게 탐스러운 계절
일손 바쁜 농부
어정칠월 동동팔월이라고 했나

집 나가 돌아오지 않는 아버지
그리워하는 딸 슬픔에 잠긴 자식 위하여
딸을 주겠노라고 동네방네 소문낸 어머니

어느 날 집에서 키우던 말이
아버지를 찾아 돌아왔다
약속대로 말에게 시집가야 할 딸
그럴 수는 없어
아버지는 말을 죽인 후 가죽을 담장에 널고

어느 날 밤 말가죽 옆으로 지나가는데
딸이 사라져 버렸다
뽕잎 먹는 누에가 된 딸
돌아와 실을 토해 사람들이 옷을 지어 입고
여인의 상을 만들어서
말가죽으로 덮고 제사 지냈다고
사람들은 처녀를 마두랑이라 불렀다

훗날 누에를 치는 집에는
말가죽을 걸어놓는 풍습이 생기고
마두랑의 보살핌으로 누에가 잘 자랐다

화는 입으로부터 생기는 것
어렵다고 실천 못할 말을 한다면
신의를 잃는다는 가르침
우리에게 필요한 교훈이다

빛나는 태양

햇살이 가지마다 쏟아져 내려
연두는 수정처럼 반짝이고
초록은 깊은 명상 속으로
스미는 빛의 계단
태초의 숨결 그대로
자연은 한 폭의 기도처럼 서있다

우두커니 두 팔 벌린 나뭇가지
물웅덩이에 어린 원시림의 눈동자
고요 속에 퍼지는 기운
세상의 처음이 내 안에 깃든다

바위에 이끼처럼 공존하는 삶
은은한 숲향 따라
태곳적 내음이 되살아나고
불안한 세상살이 그림자 안고
오늘도 숲길로 들어선다

한 발 한 발 무아의 걸음 속
생각 없이 걷는 미로의 숲길
끝까지 도달하면 보일 것 같은 꽃길

몸과 마음을 위하여
구름 뒤 빛나는 태양
성산봉의 꿈을 펼친다

도라지꽃

사랑은 줄 사람이 있을 때가 행복하지
받아 줄 부모님이 있다면
그 행복은 더욱 깊다

보라색 치마저고리 곱게 차려입고
쪽진 머리에 하얀 버선
까만 핸드백 들고 나들이 가면
참 곱고 단정하셨던 어머니

만나는 사람마다 반가운 인사
환하게 웃던 미소
보라색 도라지꽃처럼 피어나
내 마음에 지금도 머물곤 한다

산소 곁에 핀 한 송이 도라지꽃
당신을 닮았다
고부지간으로 살아온 세월
울기도 많이 울었지만
내 삶에 행운이었다

아범 보필 잘하고 하늘에서 만나면
많이 사랑해 주세요
밀려오는 그리움에 고개 숙인다

장독대 옹기

뒷밭에 묻힌 돌멩이 캐어
지게에 지고 들어오는 아버지
구멍 뚫린 담 아래 장독대 만들 때
한 짐 져도 쓰이는 것 몇 개
나머지는 축대 쌓고
석 달 열흘 쌓았는데 석자 세치
낮에는 논으로, 밭으로 맞두레질하고
해 질 녘 마수 아범 바라보며
저녁노을 지고 들어오는 아버지
한낮 펌프질 자작기에 물 받아 놓으면
시원하게 등목 후
모시수건 목에 걸고
울타리 밖 고추밭 둘러볼 때면
줄줄이 따라나서는 동생들
작은 돌멩이 큰 돌멩이 주워 옮기고
토끼도 덩달아 이리 뛰고 저리 뛰고
넘어지고 자빠지는 웃음소리 한가득
새색시 시절로 나들이 가는 오월
저녁나절 멀리서
수탉울음소리 들려온다

황혼의 등대

황혼 녘 등대처럼
서로의 곁을 지켜준 여섯 겹 시간
피로 엮지는 않았으나
바람에 길든 나무들

그 마음 깊은 우물 같아
말을 줄 모르는 사랑의 근원
감사는 파도처럼 밀려오고
혀끝에 맴도는 진주 한 알

파도 소리 속삭이는 밤
소주잔에 내려앉은 별들
추억은 조개껍데기 속 무늬처럼
빛과 그림자를 품고 반짝인다

삶의 지도 펼쳐보니
늦게 핀 복숭아꽃 향기처럼
은은히 마음을 편안하게 하고
예언자의 말 파도에 실려
웃음은 파문처럼 번져 긍정을 낳고

내년 봄 고사리밭 희망을 예약하여
뿌리를 더 단단히 내리기로 한다
약속은 푸른 돛이 되어
산등성이 위로 힘차게 오른다

트로트는 만인의 행복

삶이 녹아 있는 노래
웃음과 눈물 사이로 흐르는 선율
트로트는 설명하지 않아도
서로의 마음을 알아주지

고령사회가 된다는 것
힘들고 어려운 일만은 아니지
소박한 정, 따뜻한 마음
삶의 흔적이 위로되는
우리들의 이야기

오늘도 내일도
노래가 끊이지 않는 건
진솔한 마음이
서로의 가슴에 닿기 때문일 거야
음치라도 좋아
신이 나면 더욱 좋고

흥겨움 속에 깃든
작은 행복 하나
쉽게 따라 부를 수 있는 노래

우리의 인생과 같기 때문이지

평범하지만 소중한 인생
모두가 함께 즐겁게 춤추며
트로트를 부르는 것은
삶이 건강하고 싶기 때문은 아닐지

말솜씨

말이란 참으로 어렵다
속을 보여 줄 수도 없고
바르게 전달될 수 있기를
말 안 해도 표정에서 전해지는
마음의 향기 진심을 알 수 있다
세월의 강물 흐르고
구름 따라 나도 흘러가고
따뜻하게 살고 싶다
모두에게 듣는 말, 하는 말
생각 없이 나오는 대로 한 말
엎질러진 물 다시 담을 수 없듯이
따뜻한 말 한마디는
희망과 용기를 주는데
손재주 좋아 일 잘하는 사람을
명인이라 하고
말 잘하는 사람은
무슨 칭호를 주어야 할까
정 많고 따뜻한 사람
마음 읽어 주는 그런 사람을
우리는 성인이라 불러야지

꽃다지 사랑

들녘에 하나둘 피어나더니
어느 날 노란 꽃 군락지 만들고
무심한 듯 바라보는 사람들에게
다닥다닥 피어나
꽃다지라 불리는 아기 꽃송이들
가던 발길 멈추게 한다

작은 꽃잎 하나하나가 어깨를 기대고
함께라서 더 눈부신 세상을 만들어
고독할 틈 없는 촘촘한 삶을 엮어간다

진정한 사랑이라 속삭이며
외로이 서있던 마음까지
환하게 물들이는 들판의 노래
바람에 실려 언덕너머 퍼져나간다

누군가의 가슴에도
조용히 피어날 노란 봄
그 이름 또한 사랑이라 부르리
꽃다지, 꽃다지 사랑

고목古木

불당리 한양 길 어귀에는
천년의 고목이 우뚝 섰고
잎 사이로 부서지는 햇살 눈이 부셔
산령山靈 믿음으로 선 나무

기대어 귀 기울이면 들려오는 소리
생채기 아물리는 위로와 치유
모든 것을 안고 오늘도
말없이 가슴 열고 기다린다

세상이 어디로 가는지
가슴에 깊이 남아있는 말들
고요 속에 들려주는 오랜 이야기들
흐르는 세월이야 거스를 수는 없는 일

그저 눈 귀 닫고 걸어가라 하네
부딪히고 깨져 피 흘리다가 아물고
마침내 흐르는 순리

남 탓하며 그늘에 숨기보다는
제자리에서 최선 다하고 있는지

정도를 알면
멈추어야 하는 시점도 알아야 한다고
고목은 말한다

지고도 이기는

아무도 없는 길
혼자는 외로워 같이 가는 길
이러면 어떠하고 저러면 어떠하리
생각이 달라도 맞추어 가면 되는 것을
산다는 것은 일정한 정답도 없고
힘들어하지도 섭섭해하지도 말고
살아가는 것도 지혜
잘나면 얼마나 잘나고
못나면 얼마나 못났을까
지나고 나면 아무것도 아닌 것을
싸워서 이기면 기쁠까
소리쳐 억압하면 행복하겠는가
져주고 웃으니 얼마나 좋은가
지는 것이 이기는 것이라는 엄마 말씀
아직도 믿고 싶다

실버벨

대관령 가는 길 작은 교회당
부모님 뜻이라며 기도 장소 만들어준
이름 모를 그 사람 기억하며 찾는다

경사진 잔디 위 기찻길
하늘길로 이어진 듯 아스라이 멀어지고
실버벨 은은히 퍼질 때 두 손 모으고
짧지만 간절한 기도를 한다

중절모 곁에 두고
두 손 모으고 무릎 꿇은 노년의 신사
저녁노을 반짝임은 눈물인 듯
알 수 없는 연민이 느껴지고
숨소리마저 조용한 작은 교회당

혼자 있어 외로운 것이 아니고
혼자 있지 못해서 외로워한다고
붉게 물든 저녁노을 비추는 십자가에
마음 모아 감사기도 드린다

송편의 두 얼굴

결혼이란 약속으로 어른이 되었고
철없는 용기로 짊어진 세월
시어머니 닦달은 몸도 마음도
눈동자마저 자동으로 돌게 했다

추석 때 찧은 쌀가루 한 말
치대고 또 치대며
익반죽해야 쫄깃하다 하셨다
밤, 고구마, 녹두, 콩, 깨
돌아가며 넣은 속
세상의 달무리를 빚었다

열 식구 먹으려면 해뜨기 전 시작해
해 저물어야 끝났다

한쪽에선 송편을 찌고
한쪽에선 솥을 떼고
찬물에 씻어 참기름 향을 입혔다
앞뒤 장독대 터주 떡을 바치고
숨 고르고 나면
내 손끝이 참으로 신통했다

싫단 말 한 번 못 하고 살아온 세월
떠나시기 전 사랑으로 덮어주신 어머니

지금도 달빛 아래 송편을 빚으면
그리움이 반죽처럼 치대어진다
산소 앞에 서면 더욱 그리운 어머니

|평설|

독백적 언어와 대화적인 언어가 합산된 삶의 철학 펼치기
―박영숙 시집 『방아깨비와 춤을』

이오장(시인, 문학평론가)

독백적 언어와 대화적인 언어가 합산된 삶의 철학 펼치기
―박영숙 시집 『방아깨비와 춤을』

이오장(시인, 문학평론가)

 시인은 독백적 언어와 대화적 언어로 표현할 수 있는 언어에서 출발하여 그와 동시에 독백적 사고와 대화적 사고 간의 유사한 구별이 일치하는 점을 찾아내 출발한다. 독백적인 개념은 한 사람이 말하고 침묵하면서 청취한다는 의미에서 이해되지만, 시인의 독백은 단순한 전달에서부터 연관되는 삶의 진리를 포함한다. 독자들 앞에서 하나의 연관성으로만 이어지는 언어의 순수한 예를 보여주며 시인이 의도한 사상이나 감정을 독자에게 그대로 전달하고 어떤 학설이나 주장에 대해 자기 견해와 삶의 방식을 발표하는 것이다. 그래서 표현한 문장마다 삶의 행동이나 명령을 설명하는 것으로 이해된다. 또

한 많은 사람이 서로 바꾸어 가면서 참여시키는 대화적 언어를 펼친다. 방향이 바뀌거나 진행되는 과정에 시인의 말은 타자의 말에 의해 중단되기도 하고 찬성과 반대로 나뉘어 토론의 장이 아니라 시인이 체험한 삶의 경로를 있는 그대로 표현하는 진정성을 보여준다. 여기에서 보충적으로 사회성을 나타내고 공동체의 동질성을 들춰낸다.

박영숙 시인의 작품은 독백적인 언어와 대화적인 언어가 합산되어 일어나는 삶의 철학사상 표현하기라고도 할 수가 있다. 언어의 두 형식과 상이한 두 가지 사고의 형식에 의하여 개인의 독백적 사고와 대화적인 사고형식으로 이뤄진다. 사고 자체와 내적 전체의 태도는 양자의 경우 서로 다른 양상을 보인다. 독백적 사고라면 꾸준하게 내부에서 일어나는 감정을 표현하지만 대화적인 사고는 내부의 감정을 상대방에게 전하여 그 감정을 함께 공유하고자 하는 목적이 강하다. 두 가지 중 무엇이 좋고 옳은지는 나눌 필요가 없으나 시인의 사상이나 철학적 사유가 결정을 짓게 되므로 근본적인 취향이나 성격이라고 할 수가 있다. 그러나 독백적인 언어와 사고가 자연적인 위상을 차지하고 있다.
오직 자신의 확고한 신념이 언어를 이끌어가게 됨으로 무엇을 말하려는 것인지 정확하게 파악하고 독자들에게 진솔한 감정을 전달한다. 하지만 독백적 사고는 말의 형식을 제약하는 취약점도 존재한다. 시인은 그것을 파악하고 자체적으로 철저한 그리고 일차원적으로 표현되는 하나의 연관성을 전개하여 삶의 척도를 만들고 높이를 정확하게 파악하는 힘으로 시를 쓴다. 이것은 삶의 연륜이 그만큼 높다는 증명이며 그 높이에서 개인적인 철학적 사유를 만들고 사랑과 종교, 가족과 사회의 구성원을 포용하는 언어를 구사한다.

1. 자연스러운 언어사용을 전재로 한 시 쓰기

 박영숙 시인은 무엇보다도 먼저 자연스러운 언어사용을 전제로 한다. 사용하는 언어가 어떤 특성에 맞게 결합되어 있는지를 먼저 알아내고 암시적인 결과를 당장 얻어낸다. 진리는 고통스럽고 냉혹하다고 판단하면서도 한편으로는 순수하고 순박하며 가식이 없다고 생각하며 표현은 어떤 것이든 동일한 방향으로 지시하고 있어 순수를 먼저 생각한다. 시인의 진리는 그 자체가 삶의 방향이므로 냉혹한 것도 순수한 것도 없이 자연 상태 그대로의 삶이다. 시의 언어는 의식적이든 기만이든 무의식으로 발생한 환상이든 간에 대체적으로 은폐하려는 의도를 보이는데 여기서 시인은 진리를 감춰두지 않고 어느 언어를 사용하여도 존재감을 크게 하려는 시도를 하지 않는다. 오직 삶에서 얻은 체험적인 언어로 사랑과 행복 그리고 사회성이 짙은 작품을 쓴다.

늦은 오후 답답함 비우러 길 나선다
누렇게 익어가는 벌판
값 오른다는 벼를 보며
내 것이 아니어도 든든하다
비닐하우스 붉은 고추 주렁주렁 달리고
뒹구는 누런 호박덩이 정겹다
냇물 따라 거니는 길
뛰어다니는 메뚜기 방아깨비
서로서로 이름 부르며 노래와 춤을
아침방아 찧어라, 저녁방아 찧어라
꺼떡꺼떡 방아를 찧어보자
둑에 걸터앉아 흘러가는 구름 바라보는데
흰구름 떠다니는 하늘 끝
검은 구름 제자리라며 옮겨 가고
후드득 쏟아지는 빗줄기 맞으며
후텁지근한 저녁 길을 걸어본다
빗줄기 지나가니 젖은 몰골 우습고
빠른 걸음 걷는데, 이웃의 정겨운 목소리
'반찬 만들어 문 앞에 두고 가요'하는 말에
방아깨비 걸음으로 뛰어본다

─「방아깨비와 춤을」 전문

품사 중에 형용사와 동사를 동시적으로 나타내는 말

이 방아깨비다. 성질과 상태, 동작이나 작용을 나타내는 말, 방아깨비는 그것을 함께 갖추고 있는 품사며 곤충의 이름이다. 자연의 생태지만, 놀잇감으로 동심을 솟구치게 하는 곤충이다. 방아깨비는 고통이지만 사람에게는 잠시 유희의 순간을 만들어준다. 그래서 방아깨비 춤을 희망과 절제된 행동이라고 한다. 춤을 추되 어긋나지 않고 오만하지 않으며 방정맞지 않는 춤, 기쁨을 표현하지만 넘치지 않는 자제력의 행동, 그것이 방아깨비 춤이다. 시인은 삶의 길에서 얻은 모든 고민을 해소하려는 의도에 자연의 길을 걷는다. 모든 것이 풍요롭다. 자연의 경치가 아름답고 인간에게 주는 먹을거리가 고맙다. 아름다운 자연에서 만난 곤충들이 정겹고 경이로워 저절로 흥겨워지는 몸짓이 춤을 부른다.

 자연과 합일하는 경지에 다다른 행복감으로 걷다가 이때 반가운 전화를 받는다. 새로운 반찬을 만들어 현관 앞에 두고 간다는 이웃의 말에 너무 고마워 어느새 방아깨비 춤을 춘다. 사람이 사회성이 없다면 찾아오는 게 고독이며 외롭다는 순간을 알게 되는 때부터 불행하다. 그것을 이겨내는 힘은 사회성에서 나오고 사회성은 이웃과의 관계에서 시작된다. 시인은 이러한 점을 확실히 체득한 사람으로 어떠한 삶이 올바르고 행복한가를 말한다. 그러나 넘치지 않는다. 묶인 상태에서 절제된 춤사위로 기쁨을 나타낸다. 이것이 시인의 기본적인 인간미다.

세월의 소중함을 말해주듯
아들의 배냇저고리가
오십 년 넘게 장롱에 자리하고
이사 하고 자리를 옮겨도 항상 그 자리
자식은 엄마 곁을 떠났어도
아들은 항상 그 자리
할머니가 하얀 융을 끊어
정성으로 만드신 저고리
첫 손주에게 만들어준 귀한 옷
재봉질을 하시면서
딸이든 아들이든 건강하게 낳으라고
할머니는 무척 행복해하셨지
저고리를 펴보니 손바닥만 한 크기
언제 이 옷을 입고 이렇게 자랐는지
우뚝 서서 엄마를 안아주면 세상이 내 것
얼굴만 바라봐도 그냥 행복한 사람
한 때는 간절함을 외면한 채 살았던 시간들
순식간에 지나갔다
서랍 정리하다 배냇저고리를 펴보니
아들과 사랑이야기를 나누고 싶다

-「배냇저고리」 전문

밤나무는 씨앗을 심은 뒤 싹이 돋아나 우람하게 자라 결실을 맺으면서 100년이 지나도록 원래의 씨앗을 품고 보호하는 효의 근본을 보여주는 나무다. 죽을 때까지 모태를 보호한다는 것을 보여줘 사람들에게 효도가 무엇인지를 가르친다. 그것을 보고 제사상에 밤을 올리며 근본을 잊지 않겠다는 다짐을 하는 것이다. 배냇저고리는 자식을 낳아 처음 입히는 옷으로 열 달의 태아를 세상으로 내보내고 자연으로부터 보호하고 살피는 모성의 대명사다. 요즘은 산후조리원에서 그 역할을 하여 잊히는 이름으로 일부만의 추억으로 남았다. 그 모성의 근본을 잊지 않고 자식이 장성하여 일가를 이룰 때까지 보관하여 살핀다는 의미는 밤나무의 역할과 비교되는 모성이다.

박영숙 시인은 어미의 도리를 다하고도 그것을 끝까지 지키면서 모자간의 근원을 잊지 않는 현모양처의 길을 걷는다. 살림을 이루며 50년 동안 몇 번의 이사를 하고 헌 옷을 정리하고 새 옷을 준비하면서도 작고 낡은 배냇저고리를 보관하는 어머니는 많지 않다. 시어머니의 정성으로 면 필을 끊어다가 손수 지은 저고리는 생명의 끈을 영원히 붙들겠다는 정성이고 자식을 위한 모정의 염원이다. 그 저고리를 50년이 지나 꺼내보면서 자식을 생각하고 장성한 자식을 안아주듯 포근히 감싸주면 어느 자식인들 잘되지 않을까. 얼굴만 봐도 그냥 행복감을 주는 사랑의 배냇저고리를 꺼내어 다시 살피는 어머니의 정과 행복이 넘치는 시다.

2. 긍정하고 지속하며
   제약이 없다는 삶의 철학

 살아 있음을 느끼고 지금 존재하는 것만으로 행복하다는 것으로 증명이 될 수 있으나 존재한다고 다 행복하다고 생각하지 않는다. 산다는 것은 결국 선물과 같은 것으로 지금 시원한 물 한 잔에 정다움을 나눌 수 있는 연인이나 친구가 있다면 그보다 더 좋을 수 없겠지만, 삶은 그것만이 아니라는 것을 진실로 깨우치는 방법을 시에서 찾는다. 늘 어딘가에 매여 있고 겉모습에 신경 써야 하며 자기와 상관없는 시간표에 맞춰 살지만 그것은 현재를 살기 위한 방법이며 수단이다. 그런 이유로 다른 사람들은 어떠한 만족을 줘도 행복하지 않다고 한다. 그러나 시인은 산다는 것은 그냥 사는 것이 아니라 긍정하고 지속하는 것이며 어떠한 제약이 없는 완전한 삶은 없다는 삶의 철학을 깨우쳤다. 산다는 건 적응하는 것 원하는 대로 이미 존재하는 환경에 우리 자신의 자리를 찾아가는 것이다. 박영숙 시인의 시는 이런 삶의 과정을 하나도 빼놓지 않고 언어예술로 펼친다.

    이리 재도 저리 재도 답이 없다
    한 치 앞도 모르고
    흘러가는 대로 살면서도
    지혜롭지 못했다
    옳은 길이 아니면 가지 말라고

이길 저길 정도가 아닌 듯
갸웃거리면서 생각하고
짧은지 긴지 재보기 전에는 모르지
정확한 측정과 계산은 필수 요건
부딪쳐 봐도 정답은 없다
내 길만 길이 아니라는 것을
알기까지는 긴 시간이 필요했다
이제는 '혼자 보다는 같이'라는 말에
그래 그렇지
보는 위치에 따라 생각하는 위치에 따라
달라지는 각
내 삶에 각도는 잘 맞는 걸까

- 「삶의 각도」 전문

 살기 위하여 사는 사람 없다. 어디에서 어떻게 왔는지 조차 아무도 모른다. 그냥 부모에게서 받은 생명을 자연에 맡기고 자연스럽게 살아간다. 그게 사람이다. 하여 사는 방향이 같을 수가 없고 같은 방향을 향해도 다른 생각을 하며 살아간다. 그래서 각도를 잴 수가 없다. 어떤 상황이나 사물에 대한 생각의 방향이나 관점을 각도라고 하는데 삶이 다르므로 같은 각도가 나올 수가 없어 삶의 각도는 어떤 것으로도 가늠하지 못한다.

 박영숙 시인은 큰 사람이 되는 과정을 밟아가는 단계에서 삶을 측정하고 있다. 이리저리 재도 답이 없는 삶에서 이만큼 온 것만으로도 다행이라고 생각하며 후회의 연속성을 가진다. 반복되는 실패와 거듭되는 후회를 통해서 얻는 데 긴 시간이 필요하지 않다는 시인의 관점에서 '혼자가 아닌 함께'라는 답을 찾았고 보는 위치, 생각하는 위치에 따라 삶은 달라진다는 깨우침을 얻었다. 그렇다고 정답을 얻은 것은 아니다. 오로지 자신의 측정으로 나타나는 도표를 그렸을 뿐이고 이것이 모든 사람의 포괄적인 삶의 각도라는 것을 증명하는 과정이다.

사람들과 소통하며
진심으로 살았다고 생각했는데
오랜 시간 흐른 것은 아니지만
마음 주고 싶은 사람도 있고
뜻밖의 배신의 상처를 받기도 하고
관계의 흐름은 종잡을 수 없다
그런 일이 반복되지 않기를 바라지만
산다는 것은 말 그대로
손해를 본 듯하게 사는 것도 지혜
사람이 나빠서가 아니겠지
현재 상황이 그렇게 만들었을 수도
어느 사람이 어떤지를 모르겠고
바라보고 웃는 웃음도
멀리하고 싶은 얼굴
위선의 모습을 어떻게 보아야 할지
누구나 이중성을 가지고 있을까
정확하게 판단할 수 있으려면

관상학을 다시 공부해야 하는지
웃는 겉모습을 어떻게 판단해야 할까
꽤 산 것 같은데 도무지 모르겠다
모든 것 잊어버리는 그런 사람
다시 만나지 않기를 기도할 뿐
산다는 것은
나와의 한 판 힘겨룸인가 보다

- 「어느 구름에 해가 들었는지」 전문

 사람의 행복은 자신을 아는 것에서부터 시작된다. 나를 안다면 어떠한 상황에서도 흐트러지지 않는다. 하지만 자신을 알았다고 해도 모두가 자신과 같지 않으므로 언제나 부딪치는 결과를 만드는 게 사회다. 오히려 남을 알게 되면 더욱 불안해진다. 이렇게 나를 아는 것도 중요하지만 상대를 알려고 온갖 수단을 동원하는 건 삶에 큰 도움이 되지 않는다. 그냥 나와 같은 생각이겠지 하고 이해하려는 의도를 보인다면 서로가 행복해진다. 여기서 시인은 그러한 관계를 '어느 구름에 해가 들었는지'로 표현한다. 모르므로 알려고 하지 않지만 어느 구름에 진실이 들었는지 살펴본다. 일생동안 많은 사람을 만나는 삶에서 상대방을 전부 안다는 건 불가능하므로 대부분 인과관계에서 친분을 쌓게 되는데 누구에게 물어도 성공했다고 하는 사람은 없다. 시인은 그것을 파악하는 심성을 지녔으니 그 가능성이 이런 작품으로 나타났다. 관상학과 손금 등 우리가 대략적으로 파악하는 심리적인 방법을 동원해도 알지 못하는 것을 연륜을 갖춘 시인은 살아온 체험으로 짐작하고 산다는 것은 나와의 한 판 겨룸이라고 결론 짓는다.

    타고 남은 하얀 불꽃의 흔적
    마지막 혼을 불태운 별똥별
    하늘 가르며 잠든다는 것은
    얼마나 아름답고 거룩한 일인가
    찬란한 불꽃이었던
    내 젊은 날 쓸쓸했던 시간들
    가엾다고 생각을 말자
    삶의 가장 어두웠던 날
    지나고 뒤돌아보니
    그만큼 성숙했음을
    흐르는 강물에 미련은 없다
    밝아오는 새벽 마지막 연소
    가슴 펴고 두 눈 부릅뜨고
    희망을 노래하자
    별은 뜨고 지는 것
    모든 짐 내가져야 한다는 착각은 말자
    삶이란 기쁨과 슬픔을 함께하는 것
    유성이 떨어지던 날, 하늘을 알고
    삶의 의미를 생각했다

                           -「유성」 전문

삶이 찬란하지 않다고 생각하는 사람은 의외로 많다. 남 보기에는 넉넉해 보이고 빛나는데 스스로는 모자라고 별 볼일 없다고 자탄하는 것은 비교하기 때문인데 이것은 인간의 기본적인 심리다. 만족을 모르기 때문에 일어나는 것이지만 만족했다 하여도 다시 비교한다. 일상적으로 보면 어느 정도의 지위와 재산을 축적하고도 그런 형태를 보이는 사람을 욕심 많은 야망가로 부른다. 그렇지만 낮은 곳에서 서민으로 살아가는 사람들이 오히려 불평불만이 적은 것을 볼 수 있는데 욕망이 없어서가 아니라 자제하기 때문이다. 박영숙 시인은 그것을 유성에 비교하여 우리의 삶을 밝혀낸다.

 만족하지 못하고 쌓은 것을 나누지 못하고 사라진다면 밤하늘의 유성과 무엇이 다른가. 본체에서 떨어져 나와 한번 타 버리고 흔적조차 없다면 그것같이 허무할 수 없을 것이다. 작지만 어두운 곳을 일부라도 밝히는 삶, 남지 않아도 나눌 줄 아는 헌신의 삶, 자신을 밝혀 어둠을 밝히는 희생의 삶은 살지 못할지라도 가진 것은 나누고 헌신한다면 최고의 성인이다. 그런 것을 생각하며 젊은 날의 초라함을 떠올리고 희망을 잃지 않은 자신이 자랑스럽다. 흐르는 세월에 미련을 두지 않고 날마다 맞이하는 새날의 희망을 노래하며 별이 지면 반드시 다시 뜨고 자신의 짐은 자신이 져야 한다는 철학을 가진 시인의 삶은 기쁨이 넘치고 세상을 구원하려는 의식에 진정성을 드러낸다.

3. 삶의 형태적인 질이 존재하는 시 쓰기

박영숙 시인의 감성적인 지각은 사물에 대한 전체적인 이해에 의해서 지배되는데 사람의 심리학적인 요소에 의해 관찰되는 것과 다르다. 부분적인 성질로 말미암아 이뤄진 것이 아닌 삶의 형태적인 질이 존재한다. 형태는 부분들의 접합 이상의 성질에 의해서 파악되고 이해되는 것이다. 이해되는 모든 것을 언어로 표현하는 시는 그러한 이유로 사물이나 형상의 전체를 파악하기가 쉬우며 삶을 이해하는 근본이 된다. 이 말은 어떤 사물의 전체 형태에 대한 이해는 삶의 언어에서 결정된다는 것을 말한다. 다시 말해서 시인의 사물을 파악하는 언어는 그 사물에 대한 이해를 규정하고 그 이해는 다시 사물에 대한 감각에 영향을 끼쳐 언어로 재현되고 그것이 독자와 만나는 계기를 만든다. 언어예술인 시를 사실을 통해서 구성하는 것이다. 객관적인 세계를 직접 인식하는 것이 아니고 언어의 길을 통해서 인식한다는 말이다.

  새벽이다
  우당탕퉁탕 소리 요란하다
  화음이 맞지 않는다
  두 번째 우당탕퉁탕 전쟁인가
  잠결에 들리는 엇박자 소리

젊음의 힘겨룸은 각자의 의사표시
살아가는데 꼭 필요한 요소
엇갈림의 해결점 찾았는지
아무 말 없이 흐르는 공간
냉기류가 고요하다
저기압으로 바뀌더니 이슬비가
살아온 세월이 말하듯
백기 드는 법 알고
청기 드는 법 터득했다
내 청춘 네 청춘 생김새는 달라도
살아가는 방법은 차이가 없고
서로가 알아가는 데는
시간이 필요하고
수십 년 세월이 흐르니 지혜의 길
함께 갈 수 있다는 것은 행복함이다

- 「301호, 302호」 전문

  현대사회는 벌집 사회다. 기와집 초가집 움막으로 불리지 않고 몇 층 몇 호로 불리는 벌집에 사는 사람이 현대인인지 의문은 가질 필요도 없다. 모자라는 주택난을 해결하기 위함 묘책으로 들어온 주택정책이 세계에서 유례를 찾아볼 수 없는 독특한 형태의 문화를 만들었다. 누구 하나 불평하지 않고 오히려 더 가지려고 안달이 나서 이제는 전쟁터를 방불케 한다. 그러한 문화는 사람을 변화시켰다. 담장이나 울타리가 아닌 하나의 벽이 이웃을 만들었으나 가까워진 게 아니라 더 멀어지게 만들었다. 이것이 우리의 형태다. 여기에 따르는 부작용은 말로 할 수가 없다.

 시인은 그것의 전부를 하나로 합쳐 삶의 형태가 인간에게 주는 부작용과 개선점을 찾는다. 낮이면 괜찮은데 한밤중에 위층에서 내는 소음은 불안을 넘어 신경이 곤두선다. 그러다가 험악해져서 다툼이 일고 심지어 사건을 만든다. 무엇이 이렇게 만들었을까. 예전에는 담장을 사이에 두고도 나누고 살폈는데 벽 하나를 두고 원수가 되어가는 세상이 한심하다. 이것을 개선하지 않고는 사회의 혼란은 가중될 것이라는 불안에 시인이 말한다. 그것까지 포용하고 나만을 위하지 않는, 남을 위해 이해심을 가지자는 말을 한다. 내 청춘 네 청춘 생김새는 달라도 우리 같은 인간이지 않은가. 서로가 알아가기에는 시간이 필요하지만 그러기 전에 이해심을 발휘하여 이웃을 알고 나를 알아가자는 캠페인성 작품이다.

    눈송이 일흔다섯 개 참 많다
    크고 작고 일정하지 않은 모양들
    각기 다른 웃음과 눈물
    기다리고 있는 눈송이 일흔여섯 번째

    햇볕 따뜻한 툇마루에 앉아
    살아온 이야기를 나누고 싶다
    아직도 어제와 같이 남아있는 말들

커피는 식어가고 있겠지

나만 이야기를 또 하게 될 것이다
항상 듣기만 하는 사람
이번에는 어떤 말이든 했으면 좋겠다
빙긋이 웃기만 하는 모습은 식상하다

삶이란 참으로 길고 길다 때로는
살아보니 그랬다 아픔도 많았다
검은 머리 백발이 되도록 살아왔다
빈 둥지 증후군을 안고 많이 외로웠다

친구를 만나고 수다를 떨고
집으로 들어가도 마음은 허전했다
그래도 그 자리에 있어 준 남편이 고맙다
말은 없어도 들어주기만 해도
아픈 기억은 잊고 좋은 것만 기억하란다
나는 아직 할 말이 많은데

― 「일흔여섯 개의 눈송이」 전문

한 사람의 일생은 길지도 않고 짧지도 않다. 짧게 살다 가는 사람이 있지만 그 기간에도 돌아보며 성찰의 과정을 거치면 길게 느껴진다. 그렇지만 길게 사는 사람도 자신의 삶이 짧다고 느껴지는 때가 많은데 그만큼의 굴곡을 지나왔다는 생각에 길어도 짧다고 말한다. 결국 인생은 살기에 따라 생각하기에 따라 다르다. 인류의 역사는 수만 년을 그렇게 이어져 왔다. 누구에게 물어도 자신의 삶은 우여곡절이 많다고 말하는 것은 자신만이 그런 삶을 살아왔다고 생각하지만 전부가 같은 생각이므로 모든 사람의 일생은 길지도 짧지도 않다는 뜻이다.

  시인은 여기서 일흔여섯 해의 삶을 눈송이 일흔여섯 개로 표현한다. 너무 허무하다는 뜻이지만 그 기간의 곡절이 순탄하지 않았다는 것을 나타낸다. 그 많은 사연을 일목요연하게 정리한 작품으로 시집의 결구라고 할 수가 있다. 그 세월을 지나오며 할 말이 많아 함께하는 이에게 투정하듯 하면서도 사랑의 눈빛을 보내는 것을 잊지 않는 배려에 삶의 인내력이 강하게 표출되어 나온다. 청춘을 보낼 때는 청춘인지도 모르고 어느새 찾아온 노년의 허무를 무엇으로 표현하여도 부족한 심정을 친구를 만나 이야기하듯 풀어내고 그래도 할 일은 많이 남았으며 아픈 기억은 잊어버리고 좋은 기억만으로 남은 생을 보내겠다는 다짐으로 보금자리의 중심이 가족 사랑에 있고 그 사랑의 온기로 이만큼이라도 살았다는 고마움을 진솔하게 풀어냈다.

4. 아름다움 자체를 보여주기 아니라
   새로운 미학을 찾아가는 시의 여정

  박영숙 시인은 삶의 재현을 통해 억압하고 소외시키

는 것, 또는 현실에 현혹되어 잊어버렸거나 보지 못했던 것을 다시 보게 만드는데 그런 의미에서 시를 통해 구원과 해방을 주는 체험의 재현이라는 답이 나온다. 삶을 아름답게 보는 마음의 눈이 밝다는 것으로 아름다움 그 자체만 보여주는 게 아니라 그 아름다움을 자신과 관계하여 새롭게 보여준다. 그래서 전체 작품이 그저 아름다움을 표현하는 전문적 기술 행위로만 펼쳐지지 않으며 오직 삶이 지닌 예술성을 이해하고 체험과 재현의 진정한 의미를 담아낸다.

시는 결코 실존을 벗어날 수 없으며 만약 벗어난다면 인간 존재와의 관련도 사라지게 된다는 것을 체험적인 사유로 표현하는 길을 찾았다. 그렇다고 아름다움을 좇아 지식과 이론을 드러내어내는 것은 피한다. 자연스러운 언어 사용을 전재로한 예술성을 그려내며 긍정하고 지속하여 삶은 제약이 없다는 철학을 그리면서 형태적이고 질이 존재하는 시를 쓴다. 독백적인 언어와 대화적인 언어가 합산된 삶을 그려내는 작업이다. 시집 상재를 축하하며 앞으로 맞이할 시의 여정이 더욱 아름답게 펼쳐지기를 기대한다.

방아깨비와 춤을

1판1쇄 : 2025년 12월 5일
발행일 : 2025년 12월 10일
지은이 : 박영숙
펴낸이 : 김정현
펴낸곳 : gaon
편집디자인 : gaon
주 소 : 경기도 문학창의도시 부천 길주로 460, 1106호
전 화 : 032-342-7164
팩 스 : 032-344-7164
E-mail : 906kjh@naver.com / kjsh2007@hanmail.net
출판등록 : 2011. 7. 14
ISBN :979-11-7535-008-3(03810)
값 12,000원

무단전재와 복제를 금합니다.
도서출판 가온은 농인聾人과 함께합니다.
잘못된 책은 본사나 서점에서 교환해드립니다.